AF595588

Divino poemario

Erik Meneses

Divino poemario

Primera edición, 2019

DIVINO POEMARIO

Diseño de portada: «Divino poemario», Digital, Indra Itzel Sánchez Coutiño, 2019

Composición: Jorge Rojas

ISBN: 978-607-98087-9-2

Comentarios y sugerencias: contacto@lectio.com.mx
www.lectio.com.mx

Hecho en México • *Made in Mexico*

Para la comunidad de Drag Queens de la CDMX que han luchado desde el escenario para denunciar la crueldad que hemos vivido durante tantos años y a tod@s las personas que han encontrado un sentido en ese antro lleno de criminales.

Para Aldo Meneses. Quien tal vez odie mis palabras.

Para Erik Meneses y los chicos que no pudieron encontrar el amor en el antro.

Cover

El precio del siguiente poemario tiene un costo de 424 casos de asesinatos a personas trans de 2007 a 2017. La Guerra contra el Narcotráfico declarada por el presidente Felipe Calderón Hinojosa y continuada por el presidente Enrique Peña Nieto es el reflejo de la violencia que ha dejado una inmensa cicatriz en la historia de México. La mayoría de los oficios de estas mujeres trans eran trabajadoras sexuales, peluqueras y trabajadoras de los antros apoderados por el narco. Este poemario nace de aquellos antros LGBTTTIQ secuestrados por los Cárteles que se dedican a vender droga.

Al final del día soy un hombre con peluca viviendo en donde la ignorancia aquí se educa. Aunque no soy natural, un enfermo así nomás; siempre nos han perseguido y definen que es normal. Nos toca demostrar y crear Comunidad, exigir nuestros derechos y ponernos a luchar. Alza tu voz, peina tu peluca, ponte tus medias, muestras tus caderas y ahora sí demuestra que eres la más perra. Ahora ven, demuestra, quién es la más perra. Ahora ven, demuestra, quién es la más perra ven. Dime y demuestra quién es la más perra, quién es la más perra, quién es la más perra.

La más perra, Margaret y Ya.

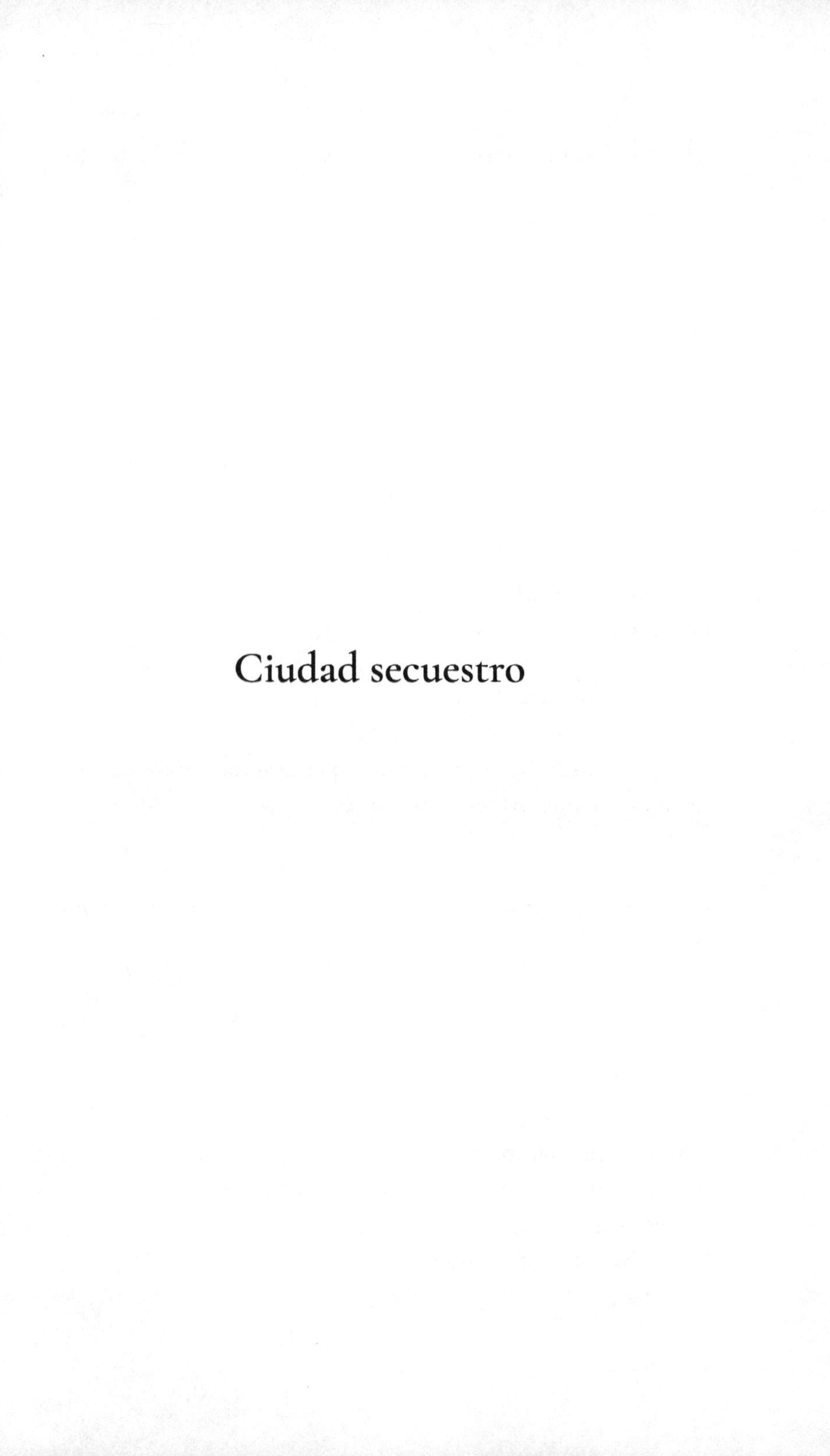

Ciudad secuestro

Una generación degenerada

Esta es la historia de una generación degenerada
que vino al mundo llorando
porque sus padres no querían que fueran putos.

Esta es la historia de un millón de muchachos
que fueron golpeados con las palabras.
Esta es la historia de una ciudad que después de 100 años
se cansó de que los llamaran putos.

Todos nos enfrentamos a nuestras madres, padres,
hermanos y hermanas con la frente tatuada, con la palabra
puto.
Salimos a la calle a buscar lo que la vida nos arrebató,
–un poco de dignidad a nuestra palabra puto–.

Y crecimos en la guerra contra las drogas,
y crecimos en la guerra de los machos
con ojos que dan pánico soñar;
con un arsenal de jotería y tacones de impacto,
travestismo de fantasía y diseño de moda:
la revolución sí necesita peluqueros,

sí necesita de hormonas y cirugías,
sí necesita del amor entre dos hombres a plena luz del día:
sí necesita el amor de dos padres que se besan o dos madres
que se besan.

Esta es la historia de una generación degenerada
que un día, se cansó de que le gritaran puto en la cara,
se cansó de tener que arriesgar la vida por un beso o una
caricia,
se cansó de tener que escribir poemas hipócritas en donde
el amor no se lee entre líneas.
Esta es la historia de una generación degenerada
que ya no les tiene miedo a los heterosexuales,
ni a sus golpes, ni a sus palabras;
Ahora, su respeto nos lo pasamos por las nalgas.
Esta es la historia de una generación degenerada
a la que el sida ya no mata.
Esta es la historia de una ciudad conquistada entre un
genocidio,
un virus de muerte, y el suicidio como el alivio a la muerte.

Esta es la historia de un país hipócrita que nos dio derechos
a cambio de dinero,
dinero rosa con el que los bugas siguen siendo igual de
bugas,
homófobos del respeto que seguimos pasándonoslo por el
culo;
su culo negro que le hace falta ser un poco rosa.
Esta es la historia de un millón de mujeres que se cansaron
de decirse mujeres
para ser lenchas, camioneras, tortilleras...

Esta es la historia de una generación degenerada que se

atrevió a amar de otras formas,
sin mentiras, ni falsas familias que oran a Dios *vida, gracia y fortuna.*
Esta es la historia de una generación degenerada que denuncia a la iglesia
por ser una sucia perra pederasta, que protege con su capa
a políticos, empresarios y curas que se empeñan en manchar nuestra cara,
nuestro nombre y nuestra palabra puto.
Somos la historia de una generación degenerada que vive en libertad
cargando con orgullo la palabra puto.
Somos la historia.
Somos, una generación degenerada.
Somos, la palabra puto.
Puto, es el futuro.

El fin del cabaret

Había una vez un mundo con prostíbulos donde las
mujeres bailaban,
un mundo donde las cortesanas fichaban la noche.
Ellas eran vírgenes, los antros altares y los hombres rezaban
con su verga arrodillada sobre sus pechos,
a sus vulvas que alimentan la euforia desesperada vestida de
oficina.
Un día, por ahí del 2015, dos mujeres del *Opus Dei*
conquistaron a Cuauhtémoc
al igual que los españoles, se llevaron a las Malinches y
metieron narcotecas.
¡Se acabaron los cabarets! Gritan los diarios.
¡Se acabaron las mujeres! Gritan los hombres.
¡Se acabaron las vulvas!
Poco a poco, los cabarets se convirtieron en hermafroditas.
Mujeres llegaron, de por aquí y por allá; a conquistar la
caricia del mayate.
Llegaron glamurosas, llegaron *churpias* como indias
patarrajadas,
llegaron apadrinadas por empresas fantasmas.
Ellas tomaron la noche

en la casa de Cuauhtémoc donde murieron los cabarets,
pero llegaron otras mujeres tatuadas con la letra T:
su belleza volvió a ser altar, pero sangre corrió como *La Noche Triste*,
muertas por aquí, muertas por acá, muertas las del tatuaje de la T
y la casa de Cuauhtémoc se llenó de santería, de un rito chaman
y Los Bandidos de Río Frío.
Plomo corrió por su casa, plomo corrió por el clóset,
la ropa fue cambiada por vestidos blancos de novia.
Los Tlaxcaltecas ocuparon el primer cuadro con la letra U,
los mercaderes llenaron el templo de Jesús con polvo de ángel sodomizado
con androides; con mujeres de hechicería plástica.
Comenzaron a venderle ilusiones a los hombres, ilusiones de rápida caducidad
y los cabarets se llenaron de reinas hombres y reyes mujeres
como quimeras que escupen fuego incoloro en un baile sin pausa.
Las mujeres se quedaron sin trabajo, volviendo a ser madres: derrota de luchonas;
algunas escaparon de la casa de Cuauhtémoc para buscar las monedas en otros cuadros,
otras comenzaron su rencor con las chicas tatuadas de la letra T,
otras más se unieron a los *Bandidos* de la letra U
y algunas pequeñas Malinches escaparon de su esclavitud.

El primer cuadro lo dominan las *Opus Dei*,
lo dominan Los Bandidos del Rio Frio
lo dominan los mercaderes de la letra U
lo dominan los hombres de la Mafia Rosa.

Pero nunca lo dominaran las mujeres de la letra T,
mujeres víctimas de la conquista rosa.

Divina

De *Divina* se viste la noche
el sueño de ser un travesti,
el sueño de triunfar en la pista
con lentejuelas en los labios,
el sueño de un beso interminable,
el sueño del *eterno superhombre.*
Divina es tu mirada
marica clandestina,
Divina son tus sueños
reflejados en tu baile.
Divina es la vida que se acaba,
renace y se vuelve a travestir de fama.
La noche se llenó de estrellas rosas.
Hermosas las locas llegaron al santuario
de la pose de un universo alterado.
Eran ninfas y eran diosas, eran la contracultura
del maquillaje, pelucas y tacones de impacto.
Eran las *Divinas, las drag queen* de bronce, zafiro y plata.
La noche se traviste de fantasía,
eres vida que se vive *Divina.*
Eres la fama, la gloria y la historia de tanta persona Divina.

Eres el lugar donde las reinas bailan,
eres el lugar donde los hombres posan,
eres el centro del universo corazón multicolor.

Divina es el lugar en donde todos pueden triunfar.
Es el hogar de una generación diferente,
es el hogar de una generación degenerada,
es el amor de un mayate o la victoria de una inventada.

Divina es la noche travestida de estrella,
es el lugar de pasarela,
es el antro de nuestras vidas.

Dancing mexicano para mariconas y otras locas eufóricas

Drag Queens

1. Mujer ultra exagerada.

2. Feminidad imposible de alcanzar desde la realidad.

3. Estilo de vida.

4. Reina nocturna.

5. Abeja reina.

6. Todo lo que tú quieras ser.

Su belleza tarda de dos a cinco horas.
Su cuerpo es una escultura transmutable.
Son llamadas «vestidas»
artistas del tiempo.
Son las mujeres soñadas,
las chicas indiferentes,
las divas trágicas,
las mujeres más putas;
y justo por eso son las más bellas,
porque tienen genitales escondidos con hechizo.

Porque tienen pechos grandes,
porque tienen un cuerpo grande,
un aura interminable.
Son seres mitológicos que deambulan en las noches
cumpliendo deseos, a nosotros los mortales.

Bio Queen

1. Mujer cisgénero que hace Drag Queen.

Para Kobra. Ganadora de la Carrera Drag de la Ciudad de México 2017.

Eres la primera mujer que aparece en el teatro de las pesadillas
con la fuerza de tu danza, los pinceles y tu amor a los hombres
que aman diferente para conquistarlos con fuerza de centauro.
Durante semanas luchaste, mujer guerrera
contra otras reinas, contra el estigma,
contra el peso de tu biología.
Pero cada semana luchaste, y la gente gritaba tu nombre.
A punta de lanza te ganaste el orgullo y la admiración
de un público que gritaba la euforia de tus sueños.
Desde joven las mirabas actuar en el escenario
diciendo que querías ser una de ellas,
admiras la lucha de la comunidad,

contemplas nuestros miedos y rencores;
los conviertes en un show con colores,
viajas al espacio y colocas una bandera arcoíris
conquistando la luna.

Siempre he creído que la libertad de los hombres
que aman a otros hombres es gracias a una mujer.
Kobra, tu voz resuena en el teatro de las pesadillas,
tu amor a nosotros te dio una corona,
te dio la oportunidad de amarnos como uno solo,
sin etiquetas, sin cuerpos, sin nombres.

Musculocas

1. Anatomía de un hombre homosexual que no coincide con su forma de expresión corporal. Ejemplo: «*Esa musculoca se mueve como mi mamá*».

2. Cuerpo con músculos desarrollados a través de medios naturales y/o artificiales.

I

Nos llaman las *musculocas.*
No somos *posonas* ni mariposas,
pero exhibimos pavorosas
el esteroide, chocho y proteína.

Apolo nos inspira.
Narciso nos domina.
Espartaco nos vigila.
Musculocas nos llaman las *jotas.*
Las feas y gordas nos envidian,
prodigiosas con fuerza en su Manuela
confeccionan altares tamaño chaqueta.

Bailamos en los antros entre jauría de hienas

con alguna que otra buena hembra.

Nos dicen *preñadores, papasitos y pasivitos*
porque nos gusta que nos den por el *ollito* sin parecer
mujercito.

Entre musculocas nos cogemos
GYM por GYM, músculo por músculo, hombría por
hombría.

Nos confunden con chacales, a veces con mayates,
le rolamos al *score records.*
Cobramos al mayoreo.
Cogemos con lo más feo.
Nos llaman *las musculocas.*
Tristes.
Jotas.
Envidiosas.

2
La sociedad nos respeta,
nos admira, nos aclama.
Somos los hombres del mañana.

Nos llaman *las musculocas.*
Nadie se las coge ni drogadas
a esas jotas amargadas.
Nos pagan por una eyaculada
en sus sucias y cagadas nalgas

Somos la televisión que miran.
Somos la publicidad vendida.
Somos el orgasmo que incitan.
Somos: el futuro, el dinero y lo perfecto.

Todos deberían ser *musculocas*.
Pero las jotas trabadas cobrarían su venganza.

3
Secuestraron a un par de nosotras.
Las drogaron con Viagra.
Les quitaron su hombría
al obligarlos a cogerse a una buena amiga

Y no era una mujer cualquiera,
era una de esas que tienen la vulva plástica,
de las que no sufren orgasmos,
de las que no sufren embarazos.

Las *musculocas* lloraron,
lo «*Golden Boys*» les quitaron.
Las jotas se vengaron
y el respeto nos lo han arrebatado.

Donde hay travestis siempre estará una de nosotras,
con la cara de tristeza y la derrota entre sus brazos.
El respeto nos lo han quitado
musculocas nos han llamado
musculocas nos han humillado.

Chacal

1. Mamífero carnívoro del grupo de los cánidos, menor que el lobo, aunque parecido en la forma.

2. Vive en grupos y se alimenta de carroña y pequeños animales.

Dicen que cuando un chacal se enamora de ti
descubres lo que significa hacer el amor.
Dicen que eres un hombre de piel morena,
activo por naturaleza
con una gran verga
jugosa, como cascada en primavera,
como leche del seno que da vida
a esa pequeña criatura que depende del hilo de tu carne,
de tu calor en las lunas solitarias.
Dicen que provienes de los barrios más pobres y violentos
en donde la miseria abunda como flores al igual que tú.
Dicen que no sabes leer,
ni escribir,
ni mucho menos hablar;
porque tienes una golpeada madre abnegada,
Y un padre bestia que la lastima con sus manos de varón.

Dicen que eres un sujeto peligroso,
que debajo de la playera blanca
tienes una escuadra calibre 22.
Dicen que eres malo
porque fumas marihuana y a veces te envenenas
con un poco de *crystal meth*.
Pero yo no creo que seas malo cuando me abrazas con
ternura,
cuando en la oscura habitación me cuentas tus historias.
Dicen que sólo te utilice y goce,
que no te dé mucho dinero
y que tampoco me haga de ilusiones.
Pero yo creo que cuando me pides que te haga el amor
con esa frágil y delicada voz de hombre
con la que asaltas a otros hombres
conmueves mi mirada y te penetro sin decirle a nadie
que me robaste el corazón;
que no eres verdaderamente activo,
que no tienes la verga grande,
que no eres ese animal fornicador
que no eres igual a tu padre-bestia que lastima sus manos
de varón,
que no eres malo a pesar de haber despojado vidas,
que eres el amor de mi vida.
Dicen que cuando un chacal se enamora de ti
descubres lo que es el amor.
Yo lo descubrí cuando miré tu cara fría
pegada en el asfalto,
Mojada con tu sangre,
mojada con tus lagrimas que limpiaba en esas noches de
motel.
Nadie te lloró,
ni tu golpeada madre abnegada

ni tu padre-bestia que lastima sus manos de varón.

Te volví a ver por última vez en el periódico *La Prensa*
con las últimas palabras de un epitafio feroz:
«Mataron al Brayan».

Activo

1. De acción y velocidad.

2. Sustancia solvente que se inhala por la nariz.

3. Rol sexual: el que penetra el cuerpo del otro.

Vives en el número 54 de Peralvillo
en una de las calles más peligrosas de Tepito.
Te llamas Eduardo y eres solitariamente desapercibido.

Cuando ibas en la secundaria
te juntabas con los más altos,
con los que podían golpear a otros;

y tú mirabas como nos golpeaban
con la fuerza del odio
que provoca cicatrices y sangre.
Mirabas disimuladamente
con un secreto de miedo
un miedo de cicatrices y sangre.

Te recuerdo orinando
con una verga grande y madura
que reflejaba el misterio de tu rosto

que guardaba la palabra del terror.

Y lo callaste durante 29 fingidas eyaculaciones en un
cuerpo de mujer.

Tu familia te miraba confundida
al igual que a la que llamabas «novia».

[porque no se te paraba,
porque no eras hombre.

En tu falsa levedad
pisaste tierra de travestis,
tierras de nosotros que llamabas de maricas.

En silencio bebías cicatrices y sangre:
los divinos te miraban como si supieran tu secreto,
secreto de cicatrices y sangre
bebías de inesperados besos.

Lo sujetabas con rabia, humillabas sus ganas,
tus propias ganas que ya se dejaban verdaderamente venir.
Cuentan que por ahí de las 4:00 o 5:00 am te llevaron al
cuarto oscuro que se parecía a tu cara:

tenía sombras, misterios, cicatrices y sangre.
Cuentan que abriste su boca para inundarlo con tu carne:

al fin erecta la rabia de 29 fingidas eyaculaciones en un
cuerpo de mujer.

Te dejaste descargar en las entrañas de un hombre con tu
sexo de varón,
en el *after* de tu cara con las cicatrices y sangre del terror.

Llegaron los señores de la limpieza a cagar el cuerpo
para echarlo a media plaza.

El agua limpió las cicatrices y la sangre,
pero no pudo limpiar tu sexo de varón.

Hombre alto
de cicatrices y sangre, te tomé una foto besando al cadáver
de tu erección.

Era un chico guapo, era un hermoso varón.

Pasivo

1. Sujeto dócil que no opone resistencia.

2. El cuerpo que es penetrado por otro.

3. Considerado como «el verdadero homosexual»: las investigaciones realizadas en el siglo XIX y XX plantean que un homosexual es un sujeto que ha sido penetrado por el ano. Por otra parte, el sujeto activo (el que penetra) es considerado como un ser «desequilibrado» que puede ser curado y reintegrado a la sociedad. El homosexual no puede ser curado y reconvertido en heterosexual si es penetrado.

Eres el perfume que aman los chacales.
Eres el rincón más bello en donde se refugian los hombres.
Eres la prueba de ese amor que no se atreve a decir su nombre.
Tu cuerpo es una flor que se abre en rosa.
Tus besos son ternura,
vida
y un idilio astillado en el corazón.
Eres el secreto de los mayates,
la oportunidad de un abrazo sin prejuicios,
la fortuna con piel de cobre.

Tu existencia es nuestra razón de vivir.
Eres la voz de la madre y el calor del padre cuando fornican,
eres cuchillo salvaje,

Eres un santo al que rezan los machos;
nocturno de los ángeles
conjuro de locura.

Tu cuerpo es cumbia,
salsa de nuestros pasos,
cantar de los cantares.

Eres la razón de los hombres que ya no quieren fingir ser heterosexuales.
Eres la mayor intensidad de un beso.
Eres un niño que quieren proteger.
Una mirada cómplice que puede ver el alma.

Eres la etimología de la palabra lujuria.
Eres el big bang de la creación.
Eres la prueba de que Dios sí existe.

Heterojotas

1. Que le gusta el opuesto, pero se identifica como el igual.

2. Hombre que se comporta de forma masculina frente a la mujer, aunque al encontrarse entre varones actúa de manera femenina. La comunicación no verbal (kinésica) ha demostrado que al hombre le gusta actuar de manera más femenina porque sus músculos suelen estar más relajados.

Un día llegaron con sus mujeres y su homofobia a nuestros bares.
Comenzaron a posar y a bailar sin miedo al escarnio
con su frase varonil: «yo los respeto, pero no se metan conmigo».

Un día llegaron con sus mujeres y su mirada de Mataputos
a quitarnos nuestros antros, fingiendo ser *gayfriendly*
porque en sus espacios, un cártel de drogas arribó.
Y aparecieron con sus putas y sus armas a instalarse con su patria.
Humillando a las vestidas, las lesbianas y a los suyos
que se apoderaban de nuestros antros, con su hombría, sus drogas y sus puños.

Llegaron a robarnos nuestras noches, nuestro arte, nuestro ingenio
mientras jotean con nuestras canciones.
Nos dicen que debemos ser incluyentes:
«incluyan nuestras drogas, incluyan nuestras armas,
incluyan unas cuantas muertes».

Perdimos el antro de nuestras noches,
perdimos la ilusión de la luna
que resguarda el beso apasionado entre dos hombres.
Perdimos la alegría de bailar,
perdimos la complicidad, la clandestinidad.
Perdimos la libertad.

Reggaetoneras

1. Mujeres que gustan de bailar la combinación de ritmos latinos.

2. Submujeres que la sociedad repudia.

3. Personas asociadas a una clase social baja.

Ellas mueven el culo para triunfar en el mundo,
para ofrecer su *candy perreo* a un *papi chulo.*
Toda la *party* se la pasan *wachando*
mientras los machos les tiran besos.

Ellos dicen que les gusta el sexo en exceso
y ellas dicen «soy tu sicaria» en noches de *wekeend.*
Cuando bailan agachadas en la pista
las *babys* se ponen loquitas, y eso les hace excitar.

Las toman de la cintura mientras suena la palabra «Azota»
¡Azota! A una lady mientras inhala perico en el suelo
¡Azota! A una Wendy mientras se pone las chichis gordas y
se liga al macho del antro
¡Azota! Hasta convertirte en una perra malcriada y que te
griten *culisuelta.*

Envidia, envidia, les tienen envida, les tienen envidia...
Por abrir las piernas a cualquier chaca, por ponerse *donitas Bimbo* en la cara
Por beber caguamas y engendrar Brayans.
Por ser luchonas y sentirse *Kardashian* con esas lonjas aguadas.

Mueven el culo para triunfar en el cuarto contacto.
Contacto en cuarto, para ser devastadas con una escuadra.
Perra malcriada... ¡Azota! ¡Azota!
Y grita: ¡Fuego! Mantenlo prendido ¡Fuego!

Y no dejes de perrear
y no dejes de mover el culo para triunfar en el mundo
y no dejes de ser una perra malcriada.

Inventadas

1. Sujeto imaginario que le falta realidad.

Buscan conquistar la noche
vestidas de fantasía,
vestidas de pobreza.
Inventadas las más feas
provienen de la cultura pop basura
con poco dinero,
y mucha actitud atrevida.
Figurando como divas
«*La calle en su pasarela*
tan divinas
tan perversas
esta noche a triunfar en perra».
Son las que buscan *chichifear* en el antro
son las que le roban el marido a la otra
son las que están dispuestas a posar desnudas
son las victimas del capitalismo.
Todas las semanas vienen sin falta
bailando como marionetas
perdiendo la voluntad

Poseídas por el ritmo de la música.
Penetradas a pelo.
Infectadas a pelo.
Bailando todas las semanas
inventadas las más feas,
inventadas las más pobres,
inventadas las más ignorantes.
Inventadas la sociedad las ha hecho.

Twinkies

1. Pastelillo relleno de crema blanca.

2. Dan White fue el primer caso en el que se utilizó la «Defensa Twinkie» para alegar que el asesinato de Harvey Milk y George Moscone fue inducido por ingesta masiva de estos pastelillos.

Belleza mexicana tiene tu virginidad
hermoso joven que aún no cumple la mayoría de edad.
Tu cuerpo de ninfo parece caliente
tu piel lampiña aún no florece con pelo
tu imagen nos precede desde 1901
en el famoso baile de los 41.
En un círculo ritual
de manos que tocan por primera vez tu verga
de lenguas que lamen por primera vez tu cuerpo
de penes que te penetran por vez primera
de ruidos que gimen por primera vez en tu boca.
Eres el origen de la perversión naranja media
que estalla cascada blanca.
Sacrificio de Niño Dios.
Eterno retorno al vientre materno

provoca la luz de tu salida.
Ofrenda de pureza cuando pariste sangre
efebo, mi amor.

Sugar daddy

1. Hombre dulce, tan dulce que puede ser diabético.

2. Hombre rico, exitoso y poderoso. La edad mínima de un *Sugar Daddy* es de los 30 años en adelante.

Buscas la vida que tus padres y tú mismo no pueden costear.
Todas las noches te colocas en la esquina del antro intentando pasar.
No cumples 18 años, pero ya tienes cara,
ya tienes cuerpo de poder aguantar.
Todos los de tu especie cantan a coro:
«*A mi me gustan mayores, de esos que llaman señores*».
Sé que te gustan más grandes
y yo sé que me gustan más chicos.
Entonces, no tenemos nada que perder,
no tenemos nada que ocultar;
nadie nos dice nada cuando te abrazo o te beso,
nadie nos dice nada cuando te compro ropa,
nadie nos dice nada si nos ven postear una foto,
ni tus padres cuando apareces con cosas nuevas;

nadie nos dice nada cuando te llevo al hotel,
nadie nos dice nada cuando te penetro sin condón,
ni siquiera se imaginan lo que haces en las tardes con ese
señor;
algunos dicen que es tu tío o tu padre,
que porque esta gordo, viejo o canoso,
que te fueron a recoger de la secundaria para llevarte a casa,
pero nadie nos dice nada cuando te llevo al hotel.
Entonces, entra conmigo al antro,
yo te puedo meter,
yo te la puedo meter.
Te va a gustar,
ya lo verás.

Mariconsaurio

1. Hombre homosexual que pudo convertirse en un *Sugar Daddy*.

2. Hombre homosexual atrapado en el recuerdo del pasado.

3. Reliquia histórica de la comunidad LGBTTTI.

Eres un señor grande
eres una persona cansada.
El tiempo ya te ganó la batalla
pero a pesar de la derrota, sigues apareciendo en la noche;
En la banca fría de la Alameda
en el último vagón del metro
en la *Republica de puta*
en Zona obvia
en el after
en el claro oscuro de
otra época.
En otro tiempo eras deseado,
ahora sólo eres un desechado,
un olvidado entre las sombras del antro.
Tus ojos miraron la represión y la libertad,

ahora, tu respiración pesa, estorba.
La memoria es una llaga que no se puede conservar
como la belleza que una vez bailó en medio de la pista.
Ahí te encuentras, mirando jovencitos
posando con lo que te queda de elegancia
con una sonrisa forzada
con un cuerpo desechado esperando morir.

Trabada

1. Que tiene las manos blancas, y el cuerpo deformado.

Quiero inhalar / Quiero inhalar un poco de aire y respirar. / Quiero vivir, quiero bailar, quiero morir, quiero gozar, quiero cantar, / quiero beber, quiero triunfar, quiero inhalar, / quiero inhalar, quiero inhalar, quiero inhalar, quiero inhalar, quiero inhalar...

Poseída. Single de Paris Bang Bang.

La música hipnotiza el presente y el futuro
el pasado no existe, nada existe cuando estas en la pista
con la luz entre las venas estás sudando marihuana,
respirando polvo de ángel, dilatando los genitales
nadie puede comprender tu viaje,
es el momento más bello de tu vida
–cuando el sonido te penetra, cuando el cuerpo se libera–.
Una orgía de caricias invisibles hierve tu vestido
no existe orgasmo más bello que el que no se puede
escuchar.
Las caras gimen, la lengua se erecta, las pupilas se dilatan.
Eres música solitaria.
Un cuerpo destinado a la explosión.

La boca se te duerme, se te va de lado. Estás flotando
el universo se detiene, nace una partícula de semen
¡Flash! Una luz blanca secuestra tu hipnosis
zaz...
La reina es capturada.

Churpia

1. Cortesana de baja categoría.

2. Entre las prostitutas hay diferentes tipos de clases, ellas son las más baratas por ser las más feas.

Tu sueño es ser una *drag queen*
como el de algunos travestis el ser trans
como el de algunos hombres vestirse de mujer
como el de algunas mujeres el ser menos mujeres
como el de menos mujeres el ser hombres.

No te sabes maquillar,
te pones la peluca chueca
con la barba sin afeitar,
con el vestido de tu madre
mal pintada y sin tacones,
al antro te vas a ligar.

Llegas en *Divina*, en *Perra*, en *Famosa*
en *Feminosa*, en *Figurosa*:
«*triunfando como siempre*»
con el mayate tirado de borracho,

entrado en la moño.

Sintiendo tus avenas de mujer
te lo llevas al *República*,
lo desnudas y lo ensartas
con tu sexo de cabrón
en su culo de cabrón.

Vas por la calle gritando que eres una *mujer auténtica*,
una *mujer real*.
Te cambias el acta de nacimiento sin cambiar nada de tu
cuerpo.
Te metes al vagón de mujeres
y a golpes te haces de un lugar.

Los LGBTI te apoyan, aunque les tomes el pelo
y te burles de sus derechos.
Eres la humillación de muchas vidas
que fueron asesinadas por tener la ilusión de ser una de
ellas,
el reconocimiento de ser llamada «mujer».

No te sabes maquillar,
te pones la peluca chueca
con la barba sin afeitar,
con el vestido de tu madre
y tu fuerza de cabrón.

Te agarras a golpes con mujeres cisgénero,
te burlas de las mujeres putas,
te burlas de las mujeres peluqueras,
te burlas de las mujeres TTT
vistiéndote como una de ellas.

Mientras, vas por la calle gritando
que eres una *mujer auténtica*,
una *mujer real*.
Con la barba sin afeitar
con el vestido de tu madre.

Con la peluca chueca,
con tu fuerza de cabrón
vas gritando por la calle
que eres una *mujer auténtica*,
una *mujer real*.
Tu sueño es ser una *drag queen*
como el de algunos travestis el ser trans
como el de algunos hombres vestirse de mujer
como el de algunas mujeres el ser menos mujeres
como el de menos mujeres el ser hombres.

Voguera

1. Subcultura que nació en los barrios más pobres.

2. Danza de la realidad.

«Punta tacón, punta tacón, punta tacón, punta tacón»
«Mirala mirala mirala...»
«Por aquí, por allá
Ella posa posa posa
Sí sí
Posa posa
Sí sí
Posa posa
Ay, que figurosa
Posa posa
Posa posa
Sí sí sí
No no no
Sí sí sí
No no no»
Ella es Voguera
mírala posar

ella es Voguera
mírala posar
ella es Voguera
mírala posar

«*Gira gira, posa posa, gira gira, posa posa*»

La voguera es bailarina,
la voguera es bailarina,
es negra, es marica
es negra, es marica
es blanca, lencha guapa
es blanca, lencha guapa

Ella posa mientras baila
baila mientras posa ella.
Es acrobata
es figurosa
es mamona
es poderosa
es sencilla y carismática

La voguera baila
baila la voguera
voguera la que baila
Triunfa, triunfa, triunfa,
123, 123, 123, 123 123...
Te toca ti bailar.

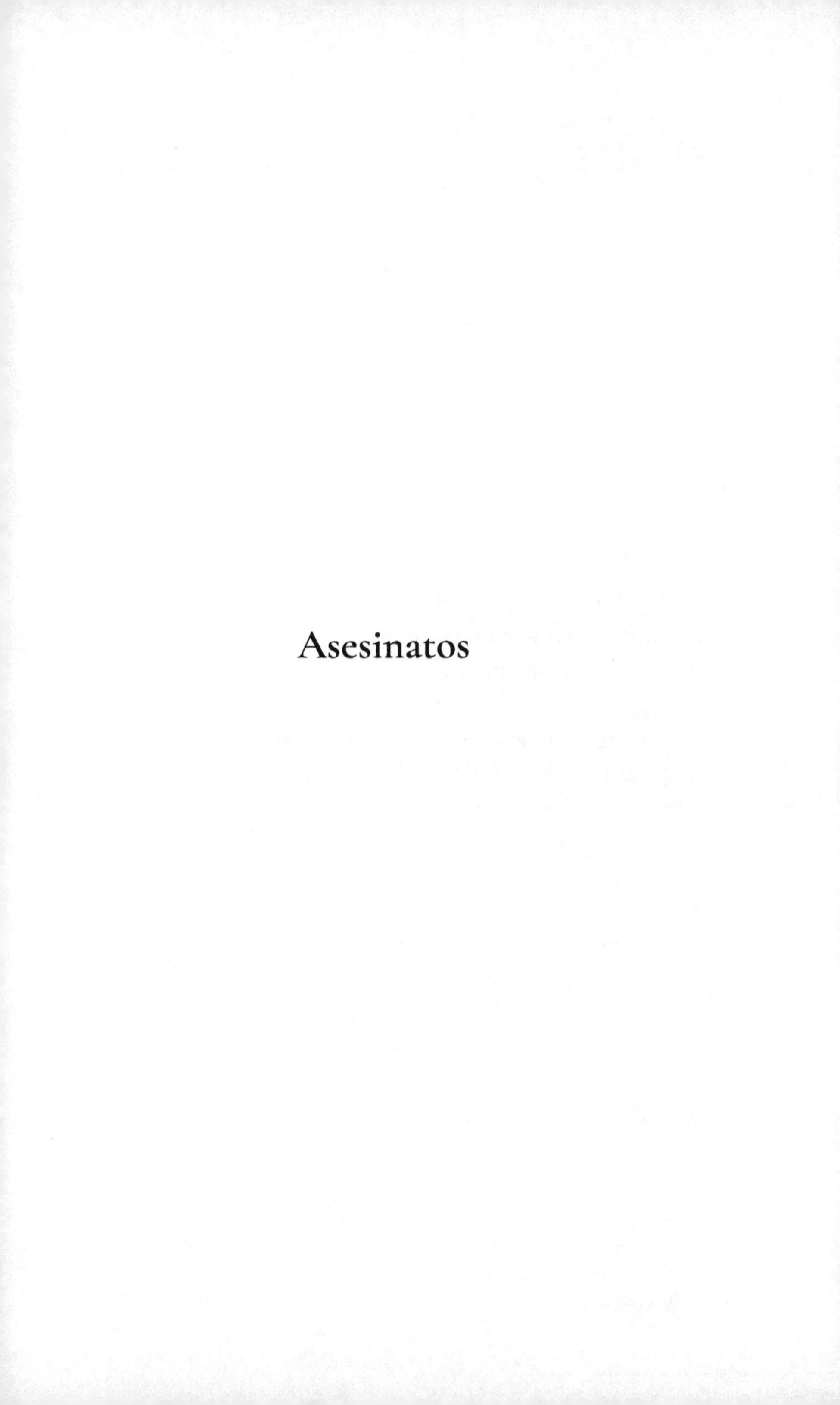

Asesinatos

Matajotos

Dedicado a las víctimas del Cabaretito.

Vinieron de una generación diferente,
cuando apenas se comenzaban a pedir derechos.
Todos ustedes se juntaban en el *Cabaretito*;
el lugar sin límites de una generación diferente.
En ese lugar, se reunían las locas más locas,
las jotas más jotas, los chacales más rudos
y los travestis más valientes.
Sodoma y *Gomorra* le decían
«Tijuana la loca» también le decían.
Y, es que había tanta droga,
y tanta muerte de tanto marica
que no nos dimos cuenta
que todas las noches un hombre llegaba
a ligarnos con dulces palabras
que nos llevaban a su casa
para secuestrarnos,
para torturarnos,
para matarnos.
¿Dónde están todos esos muertos?

¿Dónde quedaron nuestros hermanos?
¿Por qué los mataron?
¿Por qué los antros nos siguen matando?
¿Por qué no nos protegieron cuando hubo una masacre en Xalapa?
¿Por qué no nos protegieron de los narcos del Marra?
¿Por qué no nos protegieron de los *Matajotos* del Viena, del Oasis o el 33?
¿Por qué no nos protegieron de los policías de la Purísima?
¿Por qué no nos protegieron de los secuestradores del 69?
¿Por qué nos siguen matando?
¿Por qué?

Vinieron de una generación diferente,
en donde la vida no era color de rosa,
en donde el sida cobraba vidas,
donde el amor no nacía en las cabinas,
en los cines, los saunas, los parques;
el camino verde, la esquina mágica,
el último vagón del Metro.
La vida sigue siendo igual de puta,
pero sin ustedes, sin sus risas, sin su amor.
Sin su valentía, no tendríamos derechos ni garantías.
Viva la vida, hermano, hermana marica.

Sobredosis

Para Issac Luna García. Que tu asesinato no quede impune.[1]

Un gramo son 10 microgramos

10 formas de inhalarlo
06 microgramos con polvo puro
otros 04 son Manitol cortado
vendido en 08 microgramos
a 300 pesos el gramo
a 280 mayoritario.
Desde Tepito a Garibaldi
desde Garibaldi al arcoíris
del arcoíris al cuerpo *transvisionario*
travestido, enorgullecido, en-queer-cido
con puños de rabia narcótica
que cobran con sangre su mercancía.

---

1 El 16 de febrero de 2018, Isaac Luna, un joven de 19 años fue al bar Baby. Horas después, su cuerpo apareció muerto en la calle de Oriente número 166. Los dueños del bar borraron los videos de seguridad y la policía dijo que su muerte se debió a una congestión alcohólica. El cuerpo de Isaac presentó agresiones previas a su fallecimiento.

¿Hasta cuándo seguiré observándolos?
Con sus caras desfiguradas a manos de sicarios
¿Hasta cuándo los veré llorando?
Del dolor de ser humillados
¿Hasta cuándo los veré vaciados?
Con sus últimas alas de sangre en el asfalto
siendo levantados o colocados en cajas de su tamaño
llevando las fotos de sus sonrisas
de sus sueños y fantasías como etiquetas
como registro de su nostalgia
mientras sus amigos les lloran
les rezan, les hablan y se masturban
en un vacío portal
donde los ángeles no tienen polvo
donde los antros se convierten en uno solo
donde la música desprende los nervios
y el semen renuncia a su vida fatal
un mundo sin cuento de hadas,
un mundo sin armas o machos,
sin tatuajes
un mundo sin llanto vendido al narco
un mundo de muerte donde matamos a nuestros hermanos
hermanos arcoíris, hermanos caleidoscopios
hermanos y hermanas vendid@s a la moño.

Orgasmo

Para Alessa Flores. Que tu asesinato no quede impune.[2]

—¿Apoco no te has cogido a un trasvesti?

—No soy puto.

—Pero se siente rico...

—Cuando les das por el culo...

—Lo tienen duro y sangran mucho.

—No soy puto.

—¿Le entras wey?

—Pero no soy puto.

—Somos de la Familia Natural.

2 El 13 de octubre de 2016, en un hotel de la colonia Obrera, Alessa Flores fue estrangulada por un hombre que contrató sus servicios sexuales. Las cámaras de seguridad identificaron al asesino, pero hasta la fecha no se ha realizado la búsqueda y detención del criminal.

—Vamos vestidos de hombres de clóset.

—Y le pedimos un servicio.

—Y fingimos que nos cogemos al choto.

—Pero no lo vamos a coger de a de veras.

—Pero no soy puto.

—Agárrate a esa.

—La que parezca más mujer.

—Aquí en Tlalpan.

—A la altura del Metro Villa de Cortés.

—Te llamas Alessa.

—Te vamos a pagar como si fueran tres.

—Ponte en cuatro.

—Yo los grabo.

—Dame chance.

—Se siente rico...

—Cuando les das por el culo...

—Lo tienen duro y sangran mucho.

—¡Ya wey! No seas puñal.

—No te muevas.

—¿No que no eras puto?

—¡Que no te muevas!

—Yo también quiero darle al trasvesti.

—¡Cállate puto!

—Mira su cara.

—Le gustó mi verga.

—Tanto que se murió.

—¡Vas, wey! Te toca.

—Yo no soy puto.

—Fingimos ser hombres de clóset.

—Pero somos hombres de clóset.

—No soy puto.

—No doy besos.

—Sólo les doy por atrás.

—Pinches chotos.

—Pinches putos.

—Vamos.

—Aquí ya huele a maricón muerto.

Bareback

Dedicado a todos los activistas LGBTI *que han cometido crímenes en el nombre de la igualdad de género.*

Dices que eres un activista 24/7
que te la vives en pro de los derechos humanos,
que siempre alzas la voz.
Dices que eres de Prodiana AC
del FHAR, de CONAPRED
del PRD, del PAN o del PRI
de cualquier secretaria de la CDMX
o de muchas instituciones más.
Da igual, todas son la misma *perra*.
Dices que lees a Carlos Monsiváis,
a Michel Foucault, a Judith Butler,
Lipovetsky, y a tantos escritores más.
Dices que defiendes los derechos humanos
mientras violas otros tantos.
Dices que respetas a las personas trans
mientras las ofendes por no ser mujeres,
por no tener un trabajo diferente.
Por ser las mujeres putas

por ser las mujeres peluqueras.
Dices que debemos usar condón
mientras te llevas a jovencitos ingenuos al cuarto oscuro
a infectarlos de VIH, Papiloma o Hepatitis.
Dices que apoyas a los tuyos
mientras te burlas de las biografías del obituario LGBT
te quejas de las biografías de cualquier jotita que corta el pelo,.
te quejas de las lesbianas que piden presupuesto.
Dices que todos luchamos juntos
mientras acusas a la patria, a la prieta, a la naca.
Dices que has apoyado, que eres historia,
historia de rabia, historia de pederastas.
Dices que apoyaste en los ochentas
mientras les gritas sidosas, enfermas.
Dices que tu lucha tiene causa,
causa de nombre, dinero con pinta de presupuesto.
Dices que tu movimiento lo iniciaron las trans
las trans negadas por muchos años.
Dices que eres feminista
mientras golpeas a los hombres.
Dices que eres tolerante
mientras escupes veneno en las expos.
Dices que tu trabajo está con amor
con robo, con traición y más veneno.

Dices que eres activista 24/7...

Transfeminicido

Para Paola. Que tu asesinato no quede impune.[3]

Nosotros te matamos.
No fueron las balas de un guarura
ni las balas de un político,
fueron nuestros prejuicios
que te llevaron a trabajar a la calle
en una noche oscura.
Nosotros hicimos de las trans un animal exótico,
un ser perdido del tiempo,
una hija rechazada por Cronos
que no fue comida, pero sí olvidada.
Paola, nosotros te matamos.

Te dejamos morir a manos de un hombre:
te dejamos abandonada a manos de tus *amigas*;

---

3 El 30 de septiembre de 2016, en la calle de Puente de Alvarado, Paola fue asesinada por un guardia de seguridad de nombre Arturo Delgadillo. A dos días del crimen el juez lo dejó en libertad en un acto de impunidad. Durante dos años, Kenia Ávila ha luchado por exigir que se retome el caso. Se espera que a finales de 2018 las autoridades inicien una búsqueda obligatoria del criminal.

te vimos morir, te vimos agonizar entre pixeles
en una noche oscura:

te vimos fría y vimos la risa de una sociedad corrupta.
Paola. *Perdona nuestras ofensas como también nosotros*
perdonamos a los que nos ofenden.
Perdónanos por dejarte en una caja oscura y solitaria,
Perdónanos por dejar a Kenya sola
y culparla de tu agonía.
Paola. Perdónanos por dejar libre al criminal,
por no meterlo a la cárcel y no evitar la corrupción de un
juez.
Paola. *Perdona nuestras ofensas como también nosotros*
perdonamos a los que nos ofenden.
en esa noche oscura
donde el triunfo se lo llevó un criminal.
Paola. Nosotros te matamos
en esa noche oscura.
Paola. Líbranos del mal.

El último *Drag Queen* de Tepito

1988

Nací en el Hospital de la Mujer porque mi madre no tenía dinero. Ya eran 4 hijos, y a mi padre ya no le alcanzaba. Mi madre trató de abortarme, pero no pudo. Cuando nací se dio cuenta que era diferente y se culpó a sí misma de haber parido un bebé homosexual.

1988

Mi madre limpiaba la casa de su hermana. Mi tía era esposa de un vendedor de droga que se apiadó de mi mamá.

1989

Mi padre trabajaba y mi madre resguardaba el dinero mientras me cuidaba. Mi primer recuerdo eran los brazos de mi mamá cargándome. Después supe que tenía dos hermanos machos y una hermana hembra, un padre macho y una madre diferente que lloraba por haber parido un bebé homosexual.

1991

Mi madre me preguntaba si quería usar falda o pantalón, yo le dije que ninguno me gustaba y entonces escogí un short.

1993

Las hermanas hembras de mi padre se burlaban de él por haber concebido un bebé homosexual. Le echaban la culpa a mi madre que lloraba por haber parido a un bebé homosexual. Mi padre quería arreglarme, mi hermana hembra decía que era bello.

1995

Mi madre me gritó con rabia, me quiso obligar a usar un vestido de mi hermana hembra mientras yo lloraba sin saber por qué.

1997

Mis hermanos machos y mi hermana hembra miraban la tele. Era una corrida de toros y yo miraba como un hombre mataba a estocadas al animal. Esa noche yo era el toro que lloraba en la oscura sala. Me di cuenta que mi madre lloraba por haber parido a un bebé homosexual.

2000

Mi padre macho fue capturado por la policía.

2001

Mi madre dejó de llorar por haber parido a un bebé homosexual, ahora lloraba por mi padre macho.

2006

No podía ser homosexual porque la gente moría de balas. Recuerdo que una vez un sicario acarició mis nalgas; yo era pequeño e indefenso, y él grande y peligroso. Lo miré con miedo mientras se burlaba porque era homosexual. Iba a la escuela, pero no estudiaba. Tenía una hermana hembra y tres hermanos machos, una madre diferente y un padre macho preso. Mi madre dejó de llorar y pidió ayuda al narco más poderoso del lugar.

2007

Mi padre macho salió de la cárcel, pero mamá volvió a llorar.

2009

No he podido ser homosexual.

2010

En esa noche oscura cuando mi madre diferente se iba a divorciar de mi papá le dije que yo sabía que mi madre lloraba por haber parido a un bebé homosexual. «Mamá, soy homosexual». Volviste a culparte en esa noche oscura y decías que era tu culpa, que tú trataste de curarme con tu amor, pero que no fue suficiente. Que te cansaste de la pobreza y que no querías que tu hija hembra y tus hijos machos pasaran hambre. Me contaste que el esposo de mi tía te enseñó de sustancias y química, pero antes ya sabías de enfermería. Me contaste que cuidabas a enfermos de VIH Sida en el picadero de la esquina. Tenías miedo porque un bebé homosexual estaba destinado a ser un toro asesinado, un día, la vida no será esa corrida cruel donde el hombre macho me lastime con su estocada. Ese día, madre, dejarás de llorar por haber parido a un bebé homosexual.

2011

Empecé a ser homosexual.

2012

Comenzaron a herirme los hombres homosexuales. Cada herida era un reflejo de su propio dolor. Yo lloraba y no quería que mi madre siguiera llorando por haber parido a un bebé homosexual. Volví a mentirle diciéndole que todo seguía igual.

2013

Mis hermanos machos y mi hermana hembra me odian, piensan que aún tengo cura, me van a pagar una prostituta de las caras, de las que cuestan dos mil pesos para que me enseñe a ser macho. Mi madre me defiende y yo sigo llorando porque ningún homosexual me quiere, dicen que soy feo.

2014

Recuerdo que yo amaba, recuerdo que yo amaba la vida y ahora parece tan cruel como la corrida de toros. ¿Acaso así será la vida, será para siempre eso, tantas lágrimas que ya no puedo soltar?

2015

Me dijo que era asexual, que no quería sexo conmigo, pero sí mi amor. Yo se lo di con todas mis fuerzas creyendo que algún día haría el amor con él, pero no fue así. Cada vez que me rechazaba me sentía más y más feo, como si la vida se fuera pudriendo, pudriendo dentro de mi cuerpo; como si tuviera algo enfermo dentro de mí y se fuera llevando mis risas, mis alegrías, mis ganas de vivir. Y yo seguía fingiendo, y mi madre seguía llorando por haber parido a un bebé homosexual.

2016

«Te voy a dejar porque me voy a ir a coger con otros». Mi corazón se rompió como las muertes de tantos amigos. Ya no tenía vida o la corrida de toros se había terminado. Pase de ser un toro a un triste solitario que comenzaba a frecuentar un teatro de travestis.

Poco a poco me fui enamorando de ellos, me fui sanando en el lugar más peligroso.

2017

Estoy enamorado de un hombre bueno, dicen que es un chico amable y no es superficial.

2018

Ya tienes 30 años y el chico que te gusta te acaba de rechazar por feo, te dijo que eras feo. Y ya tienes 30 años de vida, y tu madre sigue llorando por haber parido a un bebé homosexual. Y no conoces el amor y tampoco has hecho el amor. La vida no es lo que esperabas y todo se reduce a la tristeza.

Vas a vivir muchos años y cuando llegue el momento decisivo, el momento en que no volverás a dar marcha atrás, en el momento en que ya nadie te volverá a ver para decir que la vida no valía la pena, que realmente la vida no vale nada porque no encontraste al amor de tu vida ni mucho menos supiste qué era amar. Y tu madre seguirá llorando hasta la tumba por haber parido un bebé homosexual, tu padre macho, y tus hermanos machos y tu hermana hembra te odiarán por haber nacido homosexual. Y tú llorarás junto de nadie por ser homosexual.

2019

Y un día, el hombre que siempre te ha gustado te rompe el corazón. Tienes más de 30 y toda tu vida has sido rechazado por los hombres. Nadie te dice que eres feo o atractivo, pero ya te dijeron que no. Y un día, el hombre que siempre te ha gustado te rompe el corazón, y te encierras en una habitación barata con el chico más feo que pueda existir en toda la ciudad. Y es feo, feo, feo el cabrón, pero lo amas porque te abraza y te resguarda bajo su piel. Y lo engañas porque eres una mierda, porque aún conservas la esperanza de que un hombre guapo se fije en ti, y con el tiempo te das cuenta de que ya no quieres seguir engañándolo, y quieres pensar que el feo es como un guapo. Y cuando despiertas, el feo se encuentra a tu lado, y sin querer se convierte en tu enamorado. Y un día, de la nada, le dices «te amo».

2020

Al final fui amado. Ese sentimiento lo llevo en mi corazón y en mis pasos. Ya no hay nada que temer. Ahora puedo seguir mis sueños y mi madre ya no llorará por haber parido a un bebé homosexual.

2020

Desde que nació, un número predispuso su destino, cuarenta y uno.

Jugando entre *jotitos*, futuros malandros y narcos, fue separado con violencia y un vestido rojo.

Con los años se dieron cuenta de su diferente alegría y se dijeron a sí mismos: «si vas a jugar a la comidita, vestida de niña lo harás, niño marica».

Aislado, aislado como los pájaros sin nido, con las manos atadas al pito, y las lágrimas derramadas al sembradío oculto, amapolas tristes crecieron bajo los altares del hogar de un ninfo marchito.

Y siempre fue raro, alejado, repelido por los tepiteños y golpeado por los futuros chacales que después le darían sus caricias, sus besos y su pulque blanco como ofrenda de su piel *prietuzca*.

Engordado sin poder volar, *onanista*, su cuerpo crecía bajo el crimen, la sangre y uno que otro cadáver en la puerta de su ano bendito.

En el círculo de la ignorancia, se dio cuenta que ese no era su *Destino* tal cual tepiteño pegado a su puesto, un diablo, la mona y el alma *pacheca*.

Buscó respuesta en el único lugar donde se refugia la verdad y la miseria, en el triste arte de los poetas; en la piratería de las palabras y los roces por debajo de una mesa.

Aprendió a ser marica de alto rango, con una sarta de libros y falsos amores que prometen vidas que no sufren la realidad del barrio.

Con el tiempo la guerra llegó a Tepito y sus flores masculinas se hicieron cenizas, sicarios sin alas, miserables cadáveres de agonía.

Y fue amado por los chacales que dieron su vida para perdurar la flor de la mariconería de este joven que seguía y seguía jugando entre jotillas, malandros y narcos.

Sus hermanos decían: droga no venderás, es oficio de machos.

Los poetas decían: «*versos no venderás, es oficio de artistas, tú eres de barrio... torcida».*

Y al no tener un lugar en el mundo, ni con los machos ni las machas...

Y al no tener lugar en el mundo, ni con los maricas de bajo y alto rango.

Decidió seguir pirateando palabras y palabras, besos y caricias hasta encontrar la respuesta a su vestido rojo de niña.

Con el paso de los años, se convirtió en el hombre de las mil derrotas, y en la peor guerra llevó fotografías de quimeras a funerales de nota roja.

Tenía más muertes que poemas, más muertes que orgasmos, más muertos que todas las balas disparadas en el barrio.

Y tomó toda violencia junto a la piedra, cocaína y marihuana; toda la sangre sabor a activo y todas las armas en su vestido para convertirlo en una falda rojo pureza. Se pintó la cara, se puso guapa, carnosa, sabrosa; con tacón de aguja larga y una peluca rubia dorada.

Con una banda de guerra se fue a representar al barrio que moría, porque Tepito no es orgullo y memoria, tampoco dignidad ni resistencia.

Tepito es la tumba de todas las cosas buenas, un pabellón de maricas muertas, un falso anuncio de los mejores chacales envenenados por su propia leche.

Tepito es el clóset de los narcos, el aborto de las putas y la diarrea de los infantes, el soberano pederasta; Tepito es el VIH de su propia libertad y el sida de su sociedad.

Y con toda la ira del mundo salió a enfrentar el precio de una caricia, el asesinato de un beso y la masacre del amor, porque en el rechazo y la hipocresía de una sociedad vendida, ella es bendita entre las vestidas.

Ella es: *Lady Tepito.*

Erik Meneses

(Ciudad de México, 1988). Nació en el barrio de Tepito. Estudió la carrera de Ciencias de la Comunicación. Es conocido como Eriko Stark, un fotógrafo de la vida nocturna LGBTI, periodista e investigador; su trabajo está enfocado en la sexualidad clandestina, literatura y narcotráfico. Fue ganador del Festival de la Diversidad Sexual (FIDS-2017) en las categorías de fotografía y crónica periodística. Su trabajo como fotógrafo y escritor ha sido expuesto en diversas revistas, medios y países. Actualmente escribe para la revista *Clarimonda* y cuenta con su propio blog: erikostark001.wordpress.com

Índice

Obras publicadas en Lectio

Antologías

Poetas a la intemperie I

Exploraciones quiméricas Vol. 1

Narrativa breve

Un perdedor sin futuro, Raúl Solís

Acúsome, padre, Rocío Herrera

Manual de acrobacia cotidiana, Rodrigo de Ávila

Nexos y otros aullidos hechos letras, Andrés Lobo

De veras que estás buena, Francisco Enríquez

Poesía

La flor de un cardenche, María Elisa Schmidt

Lata de sardinas para dos, David Ledesma

Próximamente en el catálogo Lectio

Novela

Overcast, Jorge Varela

El ladrón de Julios, Dayana González

El crepitar de las ascuas, Jesús Ariza

Poesía

Esta carta es para vos, Jonathan Ros

Entre una estrella y dos golondrinas, Manuel Sauceverde

Arqueología del dolor, Pamela Calero

Cuento

Los túneles y otros cuentos, José Rodríguez

Canción de amor y nota roja, Arturo Flores

Ensayo

Pareceres de los días: ocho ensayos breves, Luis Enrique Escobar Nieto de Pascual

Descarga este libro gratis

1. Escribe tu nombre y apellido, con pluma o bolígrafo, en la página donde aparece el título de este libro y el logo de Lectio.

2. Tómale una foto al libro, debe verse la página con tu nombre.

3. Envíanos la foto a ebooks@lectio.com.mx

En poco tiempo, recibirás un enlace para descargar tu libro.

Divino poemario se terminó de componer en marzo de 2019 en el estudio de diseño editorial de Lectio en la Ciudad de México. La revisión y el cuidado de la edición estuvieron a cargo de Laura Becerra y Alan Santos. Para su composición se emplearon las familias tipográficas Comorant Garamond, Cormorant Infant y Cormorant SC.
Para conocer el fondo editorial de Lectio visita: www.lectio.com.mx

La quimera de la literatura

www.ingramcontent.com/pod-product-compliance
Lightning Source LLC
LaVergne TN
LVHW041500190726
843491LV00008B/2468

* 9 7 8 6 0 7 9 8 0 8 7 9 2 *